LES MONSIEUR MADAME
et les dinosaures

LES MONSIEUR MADAME et les dinosaures

Roger Hargreaves

Écrit et illustré par Adam Hargreaves

hachette
JEUNESSE

Madame Pourquoi venait de trouver une empreinte.
C'était la plus grosse trace de pas qu'elle ait jamais vue et elle ne pouvait pas imaginer qui pouvait avoir fait ça.
Alors elle demanda à monsieur Malin.

– C'est une trace de dinosaure ! expliqua-t-il.

Rien n'échappe à monsieur Malin.

– Je me demande à quoi ressemblent les dinosaures, répondit madame Pourquoi.

– Partons à leur recherche ! proposa monsieur Malin.

Ils se mirent à suivre les traces de pas.
– Où allez-vous ? demanda soudain monsieur Glouton.
– Nous allons chercher des dinosaures ! répondit monsieur Malin.
– Ça a l'air amusant !
Et il les rejoignit, comme plein d'autres amis qu'ils croisèrent en chemin.
Ce n'est pas tous les jours que tu peux voir des dinosaures !

Les dinosaures étaient plus impressionnants que ne l'avait imaginé monsieur Malin.
Ils étaient plus grands que monsieur Grand.
– Tiens, voilà ce que doit ressentir monsieur Petit, dit monsieur Grand en levant les yeux pour regarder un brachiosaure.
– Alors imagine ce que je dois ressentir maintenant ! murmura monsieur Petit.

Les dinosaures étaient plus forts que monsieur Costaud qui, malgré tous ses efforts, ne réussit pas à repousser un ankylosaure.
La bête était aussi solide qu'un mur de briques !

Les dinosaures étaient plus gourmands que monsieur Glouton qui, éberlué, observa un apatosaure avaler un arbre entier.

– C'est comme si je mangeais un champ entier de salades ! s'exclama-t-il.

Mais il y avait certaines choses que les dinosaures ne savaient pas faire comme... être plus canaille que madame Canaille !

– J'ignorais que les dinosaures pouvaient voler, dit monsieur Heureux en observant un ptérodactyle. Aucun d'entre nous ne sait voler.

– Parle pour toi ! répondit monsieur Incroyable en s'élevant dans les airs. Je n'ai même pas besoin d'agiter mes bras.

– Ces dinosaures ne mangent que des plantes, se plaignit monsieur Glouton. Je voudrais voir un vrai dinosaure carnivore.
Monsieur Glouton regretta aussitôt d'avoir prononcé cette phrase quand un tyrannosaure surgit hors de la forêt et trouva qu'il ferait un délicieux goûter !

– Au secours ! hurla monsieur Glouton en courant aussi vite que ses petites jambes le lui permettaient. Mais un tyrannosaure a de plus grandes jambes… et des dents pointues… et des griffes acérées ! Cours, monsieur Glouton ! Cours pour sauver ta vie !

Heureusement pour monsieur Glouton, il s'avéra que le tyrannosaure était très chatouilleux.

Monsieur Chatouille n'avait jamais fait de guili-guili à une créature aussi grosse. Elle prenait toute la place dans ses bras extraordinairement longs.
Monsieur Chatouille se demanda quels autres dinosaures il pourrait chatouiller.
Il chatouilla un tricératops derrière le cou.
Il dut étirer ses longs bras à fond pour les garder éloignés des cornes.

Il grattouilla la gorge d'un diplodocus. Il faut des bras encore plus longs pour faire ça !

Et il chatouilla le ventre d'un stégosaure.
– Je ne savais pas que les dinosaures pouvaient rire ! pouffa madame Risette.

Elle ne savait pas non plus que les dinosaures pondaient.
– Je n'aurai besoin que d'un seul de ces œufs pour mon petit déjeuner, dit monsieur Costaud.

Enfin, madame Pourquoi rentra chez elle. Elle n'était plus aussi curieuse qu'au début de la journée. Elle avait appris tant de choses sur les dinosaures !
– Juste une dernière question, dit-elle. À quoi rêvent les dinosaures ?
Monsieur Malin soupira : il fut bien incapable de lui répondre.

Tu vois, il y a certaines choses que même monsieur Malin ne sait pas !

RÉUNIS VITE LA COLLECTION ENTIÈRE

1 MME AUTORITAIRE
2 MME TÊTE-EN-L'AIR
3 MME RANGE-TOUT
4 MME CATASTROPHE
5 MME ACROBATE
6 MME MAGIE
7 MME PROPRETTE
8 MME INDÉCISE

9 MME PETITE
10 MME TOUT-VA-BIEN
11 MME TINTAMARRE
12 MME TIMIDE
13 MME BOUTE-EN-TRAIN
14 MME CANAILLE
15 MME BEAUTÉ
16 MME SAGE

17 MME DOUBLE
18 MME JE-SAIS-TOUT
19 MME CHANCE
20 MME PRUDENTE
21 MME BOULOT
22 MME GÉNIALE
23 MME OUI
24 MME POURQUOI
25 MME COQUETTE

26 MME CONTRAIRE
27 MME TÊTUE
28 MME EN RETARD
29 MME BAVARDE
30 MME FOLLETTE
31 MME BONHEUR
32 MME VEDETTE
33 MME VITE-FAIT

34 MME CASSE-PIEDS
35 MME DODUE
36 MME RISETTE
37 MME CHIPIE
38 MME FARCEUSE
39 MME MALCHANCE
40 MME TERREUR
41 MME PRINCESSE
42 MME CÂLIN

DES **MONSIEUR MADAME**

Traduction : Anne Marchand Kalicky.
Édité par Hachette Livre, 58 rue Jean Bleuzen 92178 Vanves Cedex.
Dépôt légal : mars 2016.
Loi n°49-956 du 16 juillet 1949 sur les publications destinées à la jeunesse.
Achevé d'imprimer par Canale en Roumanie.